OPINION PRÉLIMINAIRE
SUR LES FINANCES,

PAR LE DUC DE GAËTE, (Gaudin.)

MEMBRE DE LA CHAMBRE DES DÉPUTÉS.

A PARIS,

CHEZ DELAUNAY, LIBRAIRE, PALAIS-ROYAL.

OCTOBRE. — 1815.

OPINION PRÉLIMINAIRE

SUR LES FINANCES.

Ce qui a déjà transpiré des conditions du traité de paix nous met à portée de mesurer la profondeur de l'abîme dans lequel des événemens à jamais déplorables ont entraîné la France.

Il appartient à une grande nation de se montrer supérieure à ses malheurs, quelle qu'en soit l'étendue. C'est ainsi qu'elle commande l'estime à tous, et qu'elle se rend encore respectable au dehors, au milieu même de ses embarras intérieurs.

D'immenses sacrifices sont exigés de nous. Sachons les supporter; ils auront un terme, et le nom français, que nous aurons conservé à ce prix, ne périra jamais.

Toutefois il est permis de désirer que le poids énorme de ces sacrifices ne porte pas en entier sur la génération présente, et que les mesures à prendre soient combinées, autant qu'il sera possible, de manière à rendre moins pesant un fardeau qui, divisé, deviendrait plus supportable ; mais toute proposition à cet égard doit être précédée d'une connaissance approfondie de nos besoins.

Nous aurons à pourvoir :

1°. Au paiement des dépenses antérieures au 1er. avril 1814 ;

2°. A celles, tant des neuf derniers mois 1814, que de l'exercice 1815 ;

3°. Au service de 1816, dans lequel nous devrons faire entrer les paiemens à faire aux étrangers.

Le gouvernement présentera bientôt, sans doute, à la Chambre, les élémens qui devront former la base de ses délibérations sur ces divers objets. Le premier seulement (celui concernant le paiement de l'arriéré antérieur au 1er. avril 1814) m'a paru pouvoir être soumis, dès à présent, à un examen préliminaire qui ne serait pas sans quelque intérêt.

Le système qui avait été adopté par la loi du 23 septembre 1814, pour le paiement des dépenses antérieures au 1er. avril de la même année, est déjà jugé. J'ai dit ailleurs que le résultat de ce système n'était autre qu'une consolidation *volontaire en apparence*, mais *forcée en effet*, à raison du discrédit dans lequel les obligations que le trésor prétendait donner à ses créanciers devaient évidemment tomber, *si elles étaient distribuées dans un intervalle beaucoup plus court que celui dans lequel un paiement en numéraire effectif aurait pu être réalisé ;* et cette condition pouvait seule donner quelque apparence d'utilité à un mode de paiement qui devenait sans objet, dès que les créanciers ne pouvaient être satisfaits plus promptement, *en papier*, qu'ils ne l'auraient été *en argent*. Or on sait qu'au 20 mars 1815 il n'avait encore été émis que pour 36,800,000 fr. d'obligations, et que, pour en soutenir le cours, il avait été déjà nécessaire d'en racheter, en numéraire, pour plus de 22,000,000 valeur nominale, tant à Paris, que dans les départemens.

Ainsi de deux choses l'une :

Ou les émissions successives auraient dû être calculées dans la proportion des rachats que les faibles moyens du trésor auraient pu lui permettre de faire ; et alors le paiement de l'arriéré devenait interminable ;

Ou ces mêmes émissions auraient été faites avec la rapidité convenable pour que leur but, celui de payer promptement, fût atteint ; et, dans ce cas, les obligations éprouvaient une dépréciation impossible à calculer.

Les faits confirment cette assertion d'une manière incontestable. Les premières obligations émises ont perdu vingt pour cent, non compris l'intérêt de huit pour cent qui y était attaché sous le titre d'*indemnité*, et le cours ne s'est relevé que lorsque les faibles quantités qui étaient données en paiement ont pu être rachetées par le trésor à peu près aussitôt qu'elles avaient été émises. Autant eût-il donc valu payer directement en argent.

Mais si l'on a pu, dans les premiers temps où les liquidations étaient rares encore, limiter à volonté les émissions, il aurait bien fallu les multiplier à mesure que la masse de ces mêmes liquidations se serait augmentée, et l'on serait nécessairement retombé dans le premier inconvénient auquel un rachat continu avait pu seul porter un remède momentané. Les créanciers étaient ainsi amenés, par le cours naturel des choses, à profiter de l'article 29 de la loi du 23 septembre 1814, qui les autorisait à faire inscrire leurs obligations au grand livre.

Je ne prétends pas, au surplus, accuser de dissimulation volontaire un plan dont il paraît seulement que les résultats inévitables n'avaient pas été aperçus. On s'était probablement laissé entraîner par une de ces théories brillantes qui, privées de l'appui nécessaire d'une observation raisonnée des faits, ne peuvent donner que de trompeuses espérances. Ébloui par les effets du crédit immense qui constitue la force d'une nation voisine, on se sera persuadé que le génie ou la volonté devait suffire pour transporter et acclimater partout cette plante délicate, quels que fussent d'ailleurs et la qualité du terrain qui devait en recevoir le germe, et le climat qui devait le féconder. Peut-être aussi le désir trop immodéré de jeter sur le passé une défaveur dont les hommes et les choses fussent également frappés, sans distinction ni réserve, a-t-il concouru à la conception d'un système dont le développement offrait l'occasion naturelle d'accuser d'ignorance ceux qui n'avaient pas su en découvrir les savantes combinaisons, ni en calculer les précieux avantages (A).

Quoi qu'il en soit, il est évident, pour tous ceux qui ont réfléchi sur cette importante matière, que *le crédit* ne peut être que le résultat de la *confiance* préalablement établie sur des bases solides. La première de toutes est *la stabilité bien reconnue du gouvernement*: or tout homme impartial et tant soit peu éclairé conviendra que, depuis vingt-cinq ans, cette condition essentielle n'avait, à aucune époque, été complètement remplie en France. Il semble donc que le dernier gouvernement se trouvait naturellement absous de n'avoir pas tenté l'impossible, et qu'il avait fait preuve, au moins de bon sens, en ne poursuivant pas une chimère. Il semble aussi qu'il y avait eu, dans ces derniers temps, quelque imprudence à débuter, dans le dessein de fonder le crédit, par une opération dont le succès eût exigé qu'il fût déjà dans toute sa force. Il y a là quelque chose qui implique ; il y a un renversement d'idées que *l'esprit seul* peut bien ne pas apercevoir, mais sur lequel *le jugement* ne saurait se méprendre.

La raison voulait donc, dans les temps antérieurs, un système d'administration approprié aux circonstances dans lesquelles la France se trouvait, c'est-à-dire, un système simple et dégagé de toute combinaison hasardeuse.

La nouvelle situation du royaume promet, *avec le temps*, à son administration une carrière plus brillante à parcourir. Je dis *avec le temps* ; car c'est surtout ici que la mesure est aussi nécessaire que la précipitation serait dangereuse. La confiance, comme on le sait, est le sentiment le plus indépendant ; il ne prend conseil que du temps, qui seul distingue les prestiges des réalités. Pour lui, les hommes ne sont rien, et les institutions éprouvées sont tout ; parce que c'est là seulement qu'il trouve des garanties qui le rassurent. Lorsque ce sentiment manifestera son existence par des symptômes auxquels l'opinion publique ne se méprend jamais, alors, mais seulement alors, un ministre, d'un talent ordinaire, pourra tenter d'introduire, avec la circonspection convenable, dans son administration, cet instrument puissant, devenu, dans la main de l'Angleterre, par un concours de circonstances qui lui ont toutes été favorables, un levier capable de soulever le monde.

Jusque-là, l'administrateur pénétré de ses devoirs bornera son ambition à combiner, autant qu'il en aura le pouvoir, les moyens de recette de la manière la moins défavorable à l'agriculture, à l'industrie et au commerce; à porter, en tout ce qui pourra dépendre de lui, l'économie dans les dépenses; à prévenir ou réprimer les abus, à assurer une comptabilité régulière, véritable garantie de tous les intérêts. Tels seront les principaux titres d'un ministre des finances à l'estime publique. Sa réputation aura peu d'éclat; mais, si son nom est béni dans la chaumière du pauvre, il n'aura point à regretter les illusions de la gloire.

Cette digression, à laquelle j'ai été entraîné malgré moi, n'est point étrangère à mon sujet. Elle ramène naturellement à l'exécution pure et simple de l'article 29 de la loi du 23 septembre 1814, qui autorise l'inscription au grand livre des créances antérieures au 1er. avril de la même année, en supprimant l'intermédiaire inutile ou dangereux des obligations du trésor royal, qui ne pouvait que compliquer l'opération et embarrasser sa marche (B). L'intérêt des inscriptions devrait partir du 22 mars 1815, quelle que fût l'époque à laquelle la créance fût inscrite. Il ne serait pas juste, en effet, que la jouissance des intérêts dépendît du moment plus ou moins rapproché de la liquidation de chaque créance.

Cette opération devrait être accompagnée d'un amortissement régulier de la portion de la dette perpétuelle qui excédera la quotité qu'il peut être convenable de maintenir dans tous les temps, soit pour ne pas priver certaines classes de capitalistes d'un emploi de leurs fonds conforme à leurs convenances et à leurs habitudes; soit pour lier toujours une partie des fortunes particulières à la fortune publique.

Mais une condition essentielle est que la caisse d'amortissement soit reconstituée dans une entière indépendance de tous les ministères ; et que, pour garantir cette indépen- dance, cet établissement soit soumis à la surveillance im- médiate d'une commission, composée de membres de la chambre des pairs et de celle des députés, à laquelle le di- recteur, déclaré responsable de l'exacte application des re- venus à leur unique destination, serait tenu de rendre, chaque mois, un compte détaillé des opérations du mois précédent. Les résultats de ce compte seraient rendus pu- blics par la voie de l'impression. Le fonds d'amortissement pourrait se composer : 1°. des extinctions de la dette via- gère ; 2°. d'un revenu tiré du produit d'une partie des fo- rêts nationales, dont l'affectation serait faite, par une loi, à la dotation de la caisse d'amortissement, et qui continueraient d'être régies, pour son compte, par l'administration fo- restière.

Il ne s'agit plus que de constater, avec la précision pos- sible, le montant des créances dont il s'agit, afin de don- ner à la nation une idée positive de la situation de cette partie de ses affaires. Les progrès de la liquidation, depuis six mois, peuvent mettre le ministre des finances en état de présenter une appréciation de l'arriéré, de plus en plus rap- prochée de la réalité.

Beaucoup de personnes pourront s'étonner qu'une opéra- tion aussi simple que paraît l'être la vérification d'un compte de dépense, puisse donner lieu à autant d'hésitation sur la fixation de son résultat définitif ; mais il faut considérer, d'abord, que cette hésitation porte principalement sur les dépenses des armées ; ensuite, que, dans tous les temps, mais plus particulièrement lorsque les dépenses ont été faites *dans l'état de guerre*, si favorable à tous les genres d'abus, la comptabilité *matérielle* devient insuffisante, et que les pièces les plus régulières en apparence cachent souvent des dilapidations coupables. Il faut donc que la vérification des comptes s'appuie sur des contrôles, et que la dépense, justifiée *par pièces*, soit comparée avec celle que les divers élémens de chaque service peuvent rendre probable. La réunion de ces élémens exige des recherches et des travaux qui deviennent d'autant plus difficiles, lorsque la guerre s'est faite dans l'étranger, et lorsque l'événement en a été malheureux. Or, personne ne niera que la comptabilité des dernières campagnes, depuis 1812, ne doive, sous ce double rapport, présenter des difficultés que l'on ne peut comparer à celles d'aucune autre époque. De là, la différence considérable qui doit se rencontrer entre des évaluations faites, les unes sur des pièces produites et d'après l'effectif de la composition originaire des armées ; et les autres d'après une estimation probable des réductions que les pertes éprouvées par ces mêmes armées, dans des campagnes malheureuses, ont dû opérer sur les dépenses, telles qu'elles avaient dû être originairement calculées. Une liquidation soigneuse et raisonnée peut seule, en procurant une justice exacte aux créanciers, préserver les finances de dilapidations ruineuses.

Mon but, en publiant ces observations préliminaires, a été d'offrir à la méditation quelques élémens propres à former l'opinion pour ou contre les principes que j'ai établis dans le cours de ce rapport. J'ai pensé que ce serait un moyen de mûrir, à l'avance, les idées, et de faciliter d'autant les délibérations de la chambre sur les propositions qui lui seront soumises.

LE DUC DE GAËTE.

NOTES.

(A) — *Page 6.*

Ce doute est permis quand on a lu deux écrits publiés successivement, en 1814 et en 1815, sous le titre d'*Observations d'un créancier de l'État*, dans lesquels l'accusation d'ignorance est prodiguée au dernier gouvernement, et particulièrement à son ministre. Ces deux écrits, que l'auteur a eu du moins la pudeur de ne pas signer, sont aussi remarquables par cette prétention qui caractérise la médiocrité, que par la grossièreté des injures qui en salissent presque toutes les pages. On a droit de s'étonner que de semblables productions aient pu sortir des presses de l'imprimerie royale, dont les caractères ne peuvent être méconnus par un œil tant soit peu exercé, et qui se trouve avoir ainsi concouru à une œuvre clandestine, réprouvée par la loi. L'étonnement redouble, quand on sait que l'auteur de ces libelles est un agent du ministère des finances, qui n'a pu employer les presses de l'imprimerie royale à ce coupable usage, qu'en abusant de la faculté qui ne lui est donnée, par ses fonctions, que pour les impressions directement relatives au service de l'administration à laquelle il est attaché : ce scandale ne serait point arrivé, si l'on avait maintenu l'ordre antérieurement observé, d'après lequel aucune impression, quel qu'en fût l'objet, ne pouvait être faite à l'imprimerie royale qu'en vertu d'une autorisation placée sur la minute et revêtue de la signature du ministre. Cette précaution paraîtrait, plus que jamais, convenable à rétablir, aujourd'hui que les ministres deviennent plus particulièrement responsables des actes irréguliers des agens placés sous leurs ordres.

Le ministre d'alors, à la loyauté duquel je me plais à rendre hommage, a bien voulu prendre la peine de venir me témoigner, en personne, toute son indignation de cette provocation indécente ; et je suis bien persuadé qu'il en aurait fait justice, s'il n'avait, presque au même moment, quitté le ministère. Ma conviction, à cet égard, sera partagée par tous ceux qui liront la Réponse de M. le baron Louis à la lettre que je lui avais écrite, aussitôt que je fus informé de ma nomination à la Chambre des Députés.

Lettre du Duc de Gaëte à M. le Baron Louis.

« Monsieur le Baron,

» Au moment où la confiance de mes concitoyens m'appelle à servir
» de nouveau mon pays, et où l'union de tous les Français est si nécessaire,
» tout ressentiment particulier deviendrait criminel, et j'éprouve le besoin
» de vous dire que vous pouvez compter sur la franchise de mon concours
» au succès de l'administration importante et difficile qui vous est confiée.
» Sans examiner de quel prix une telle assurance, de ma part, pour-
» rait être à vos yeux, j'ai cru devoir à l'intérêt de la chose publique
» de vous la donner, non par une vaine prétention, dont vous ne me
» soupçonnerez pas, pour peu que mon caractère vous soit connu ; mais
» par le désir sincère de prévenir des défiances qui pourraient nuire à
» la patrie et au prince, dont les intérêts sont communs, et doivent plus
» que jamais se confondre dans tous les efforts, comme dans tous les
» vœux.
» Je prie Votre Excellence d'agréer l'assurance de ma plus haute
» considération. »

Réponse de M. le Baron Louis.

« Monsieur le Duc,

» Je reçois avec bonheur et reconnaissance la lettre que vous avez la
» bonté de m'écrire.
» Personne, autant que moi, n'a besoin des secours de vos conseils,
» de vos lumières et de votre expérience ; mais personne aussi ne sent
» mieux le prix de votre appui. Le ministère du Roi, auquel je m'em-
» presserai d'en rendre compte, partagera ma satisfaction, je n'en doute
» pas. Il est bien persuadé du besoin d'obtenir de l'accord entre les trois
» branches du pouvoir législatif. Rien ne peut y contribuer plus effica-
» cement que le concours d'un homme de votre mérite et de votre
» excellent esprit.
» Agréez, je vous en prie, l'hommage de mon sincère attachement et de
» ma haute considération.
» *Signé* LOUIS.

« Paris, le 27 août 1815. »

Certes, on ne supposera pas qu'après une telle profession de sentimens, un homme d'honneur ait pu autoriser ou tolérer, de la part de son subordonné, la publication d'un libelle qui renferme les plus odieuses personnalités contre celui à qui il venait de donner des témoignages aussi prononcés de son estime particulière.

~~~~~~~~~~~~~~~~~~~~~~~~~~~~~~~~~~~~~

(B) — *Page* 8.

Ceux qui pourraient douter encore que la consolidation eût été le résultat nécessaire des dispositions de la loi du 23 septembre 1814, en seront vraisemblablement convaincus quand, se rappelant que le principal moyen de remboursement des obligations reposait sur un excédant annuel de 70 millions dans les recettes du budget, à partir de l'exercice 1815, ils sauront que les aperçus qui avaient servi de base pour la formation du budget annexé à la loi du 23 septembre 1814, s'éloignaient tellement de la réalité, que l'excédant *espéré* se trouvait remplacé par un déficit *effectif*. Il m'a été facile de le reconnaître, en comparant le budget particulier de chaque ministère avec les estimations du budget législatif : je vis que le budget réel du ministère de l'intérieur surpassait de 5 millions, et celui du ministère de la guerre, de 98 millions, les évaluations qui en avaient été faites, à une époque à laquelle les élémens nécessaires du service de 1815 ne pouvaient pas encore être bien connus. La différence, pour ces deux ministères, était ainsi de 103 millions, qui, après avoir absorbé l'excédant *présumé*, de 70 millions, laissait encore, malgré quelque augmentation à espérer dans les recettes, un déficit pour lequel il aurait fallu chercher de nouvelles ressources. Par conséquent aucune portion des recettes de 1815 n'aurait pu être appliquée au remboursement des obligations, et le discrédit de ces valeurs se serait accru d'autant : donc la consolidation était inévitable, nonobstant le crédit ouvert sur les bois et sur les biens des communes, dont le produit, d'une réalisation incertaine et nécessairement lente, n'aurait pu satisfaire à un remboursement, à époque fixe.

Que penser, d'après ces faits incontestables, des déclamations violentes auxquelles s'est livré l'imprudent libelliste contre tout système de consolidation, lorsque tel était le résultat infaillible de celui consacré par la loi
~~~~~~~~~~~~~~~~~~~~~~~~~~~~~~~~~~~~~

du 23 septembre 1814, et lorsque ses fonctions ne lui permettaient pas de l'ignorer ? Était-ce là le cas de répéter ce que l'on trouve dans tous les livres sur la puissance et les effets du crédit, dont il prouve si bien que la nature et les bases lui sont entièrement inconnues ?

Que penser de la bonne foi ou de l'intelligence de cet homme qui, ayant tous les élémens sous les yeux, confond, dans ses calculs, les temps antérieurs à la dernière administration, afin de lui faire un tort personnel de l'inscription au grand livre de créances provenant d'époques où les effets de la révolution avaient porté dans les finances un désordre qui fût devenu sans remède, si l'on eût affecté les revenus ordinaires au paiement des dettes des années antérieures; tandis que ces mêmes revenus étaient déjà insuffisans pour le service courant, et que ceux de l'an VIII, première année du gouvernement consulaire, avaient été en partie consommés, par anticipation, au moment où ce gouvernement s'établit ?

C'est avec la même bonne foi, ou le même discernement, que l'anonyme comprend confusément dans la masse des consolidations faites pour des créances, tant antérieures que postérieures à l'établissement du gouvernement consulaire, les rentes qui ont été créées, par des lois, *pour être échangées contre des bons de la caisse d'amortissement*, quoiqu'il soit bien évident que ces rentes n'ont été *ni pu être données en paiement aux créanciers de l'État.*

C'est une chose bien incommode pour certaines gens que ces comptes de finances, rendus d'année en année, et qui restent les témoins incorruptibles des opérations et des résultats que l'on aurait l'intérêt ou l'intention de dénaturer. Il est vrai qu'il est un moyen très-simple de s'affranchir de cette entrave ; c'est celui d'altérer le texte des comptes, d'embrouiller les calculs, pour en imposer aux lecteurs inattentifs, et de prononcer avec assurance les mensonges que l'on veut persuader. Je citerai un seul exemple, que je prends au hasard parmi une foule d'autres; il suffira pour donner une idée de la loyauté avec laquelle l'anonyme se débarrasse du témoignage des comptes de finances, et de la confiance que l'on peut généralement accorder à toutes ses assertions.

Il dit (page 57), en parlant de l'opération d'amortissement qui avait été ordonnée par la loi du 15 juillet 1811, que cette opération n'avait pas pu, comme on l'avait prétendu, être interrompue en 1814, puisqu'elle n'avait pas été commencée; car, ajoute-t-il, *d'après les comptes de finances de 1812, 1813 et 1814, aucune somme n'a été versée à la caisse d'amortisse-*

ment, *ni employée en rachat de rentes, en exécution de la loi du 15 juillet 1811.*

Qui ne croirait à la vérité d'un fait énoncé d'un ton aussi tranchant ?

Il est pourtant certain que le compte de 1812 porte textuellement (page 35). *Ces affectations* (celles réglées par la loi du 15 juillet 1811) *avaient produit, en 1811 et 1812 , un capital de 3,628,125 fr. qui a reçu l'emploi prescrit par la loi. Ab uno disce omnes !......* Car on ne pourrait raisonnablement espérer de se faire lire si l'on voulait , en pareille matière, suivre pas à pas et réfuter ligne à ligne, ou les mensonges hardis, ou les calculs falsifiés à dessein, ou les raisonnemens absurdes qui composent cette honteuse rapsodie. Quand un fait aussi simple que celui d'une rectification faite *dans l'expédition officielle* d'un rapport, lu *en minute*, dans une séance publique, *rectification portant sur des détails étrangers aux attributions du ministre qui avait rédigé le rapport ;* quand, dis-je, un fait aussi simple peut devenir la matière de plusieurs pages des plus dégoûtantes injures et des plus odieux soupçons, l'auteur et son ouvrage sont déjà jugés, et l'opinion publique en fait naturellement justice.

Je ne puis cependant me refuser à faire encore une remarque qui sera la dernière. En se reportant aux comptes annuels de finances, on voit que, sur une somme totale de *huit milliards cent soixante-cinq millions*, à laquelle se sont élevées les dépenses publiques depuis l'an IX (le premier où l'ordre a commencé à se rétablir dans nos finances), jusques et y compris l'année 1811 , il n'a été proposé au corps législatif qu'un seul crédit d'un million de rentes, représentant un capital *de vingt millions*, pour être employé au paiement de restes de créances des années antérieures à 1809, qui avaient paru au chef du gouvernement d'alors assez peu recommandables, par leur nature, pour qu'il n'eût pas pu se déterminer à en autoriser le paiement en numéraire effectif. Je dois à la vérité de dire qu'un supplément de crédit, peut-être égal au premier, me paraissait pouvoir devenir nécessaire pour éteindre la totalité de ces créances, dont la liquidation n'était pas terminée. Ainsi il aurait pu arriver que , sur une dépense totale de huit milliards cent soixante-cinq millions, trente à quarante millions eussent été payés en rentes. Une telle faute, si c'en est une , aurait-elle pu justifier les qualifications odieuses que l'on s'est permis de donner à une administration qui avait obtenu quelque estime , si l'on n'avait pas dissimulé les faits avec une aussi coupable impudeur ?

On se demande comment un homme , auquel son obscurité était si favorable , a pu avoir la tentation de se produire au grand jour, qu'il lui convenait si peu de rechercher. Les hommes n'auront-ils jamais la sagesse de borner leurs vœux au rang que la nature et l'éducation leur assignent ? Que de maux particuliers seraient évités dans le monde par l'observation de ce précepte, ami de l'ordre public, comme du bonheur des familles : *Ne sutor ultra crepidam !*

DE L'IMPRIMERIE DE FAIN, RUE DE RACINE , PLACE DE L'ODÉON.